FESTÉSZET SZAVAKKAL - VERSGYŰJTEMÉNY

Cathy McGough

Stratford Living Publishing

Tartalomjegyzék

DeDIKáció

Anyának és apának

UTOLSÓ TÁNC

A KéPEDET A KARJAIMBAN tartva
Együtt táncolunk a padlón
Majdnem úgy, ahogy lehetett volna
Ha csak jobban szerettél volna
Elég közel, hogy érezzem a szívverésed
Együtt kavarogni egy képzeletbeli felhőben
Ragyogó fénybe festve a világot...
Hangosan suttogva a neved.
Táncolni, bár a zene véget ért
With tears streaming down my face
Mert láttam, mi lehetett volna
És nyomtalanul elvesztettem.

KÉK SZAJKÓK ÉS KOOKABURRÁK

NEM SZÁMÍT, HA NEM tudom minden virág nevét...
Nem számít, ha nem tudom minden madár nevét...
Az, hogy új vagyok ezen a földön, nem riaszt el.
hogy tettekkel és szavakkal is dicsérjem.
Néha szinte otthon érzem magam
Céltalanul vándorolva, a múlthoz való kötődés nélkül.
Más napokon úgy érzem, mintha ez a sziget lenne a lelkem.
És azon tűnődöm, vajon ez a rajongás tartós lesz-e.
Aztán vannak napok, amikor úgy érzem magam, mint egy áruló.
Vágyakozva olyan dolgok után, amiket már nem érhetek el.
Aztán egy pillantás a hazám zászlajára...
Visszahív még egyszer.
Szóval mi az, amikor valahol megszületsz...
El tudod-e hagyni valaha is teljesen azt a helyet?
Vagy szeretheted az újat és szeretheted a régit?
A szívedben és az elmédben is?

Hamarosan vattapamacs felhők oszlanak el ezüstös madaramért...

Első szerelmem tárt karokkal vár
A fehér trillium illatos csókjaival fojtogat.

Ahogy a   KÉK SÁRKÁNYOK és a KOOKABURRÁK összecsapnak.

VÁRAK A LEVEGŐBEN

ÚGY ÉPÍTELEK, MINT EGY tornyot
És aztán bezárlak
Túl sok az ablak
Túl messze van a földig.
Ülsz a talapzatodon
Elutasítasz minden erőt
Mert árnyéknak látsz engem
Anyád válásának árnyékát.
És ez talán kevesebb, mint a szerelem
És talán több, mint a legtöbb
De ez valami, ami egyre erősebb.
Úgy olvaslak, mint egy könyvet
A lapjaid szélesre tárulnak
Egy pillantás vagy tekintet nélkül
Úgy tűnik, hogy a lelkünk bizalmasan beszélget.
És ez talán kevesebb, mint a szerelem
És talán több, mint a legtöbb
De ez valami, ami egyre mélyebb
Talán nem az a fajta szerelem

Ami örökké tart és örökké tart
De inkább a szerelem egy részét szeretném.
minthogy ne egyáltalán nem.

PERSON-IF-ICATION

Pörög körülötted
Mint egy top
Meggondolatlanul
Pattogok faltól falig
Önmegsemmisítő
De csak haladsz előre
Nem gondolkozom
Vagy levegőért kapkodni
A falak változtatják a pozíciójukat
Mint a jelenetek egy házi filmből
Színek keverednek
Futó vadság...
A mennyezet átrepül és alá
És beleolvad a padlóba
Mint egy gyerek a kaleidoszkóppal
Változtatod a keretet
Élvezed a dalomat
Amíg ki nem pihenek
És a mennyezeten keresztül menekülök

Egy értelmesebb kapcsolatba

HOGY
VISSZAHOZZALAK
TÉGED

ARCOK, AMELYEK BE- és kimennek a tudatunkból
Emlékek a csillagokról, melyek ragyogtak
Nyílások és zárások
Zsúfolt magányok
Kik ezek az emberek?
Egy gyermek jelenik meg az ifjúság virágában
arcát az ablakhoz szorítja
Azon tűnődik, mi az igazság.
Figyelme meginogni látszik.
Mikor a cukorkát nézi körülötte
És azon tűnődik, vajon szabadok-e.
Gyermekem, nem mondta neked anyukád, hogy
Hogy semmi sincs ingyen
Mindennek ára van
Mindenkinek megvan az ára.
Arcok, régi idők álmai

Mind elhalványulnak és új rímekké formálódnak.
Ahogy követjük a nyomokat
elhunyt hőseink nyomában
Arcokat keresve
Melyek nem léteznek

A PAPÍR DOLL

A PAPÍR DOLL ÖSSZEGABALYODOTT a szél örvényében.
Érzelmektől megfosztva forog és pörög.
körbe-körbe, balerina-szerű piruetteket forgat.
Visszapillantva az élet kudarcaira és megbánásaira.
Kétségbeesetten próbál kiszabadulni a karmai közül.
A fülébe a szél suttogja a nemi erőszakot.
A papír doll végtagról végtagra szakad.
Egy puszta emléke annak, ami lehetett volna.
Nem érez fájdalmat, mert ő még csak egy gyerek.
Nem érez semmit.
Hallgasd a gyerekek sírását, ahogy forgolódnak és forgolódnak.
álmuk álmában
Védd meg őket az élet forgószélétől.
Fussatok, gyerekek, fussatok,
Nincs többé lánc, ami megkötözne benneteket.
Védd meg őket az élet forgószélétől.

MUNKA-A-NAP

Szomorú zárt tér
Párnázott
Lila falak
Dobozban
Fogoly.
Próbáltam kiszabadulni
Feltételesen szabadlábra helyezve
De visszazuhant
Mielőtt
Kiszállhattam volna
Ezen a helyen
Vannak gépek
Amik rábeszélnek
A munkára
Mint egy gép
És amikor visszautasítod
Összetörnek téged
És te összetörsz
„Figyelj billentyűzet
Nélkülem
Semmik vagytok!

Semmi, amit mondok!
Csak ne feledd, hogy
Oké, akkor... Oké."
Drót nélküli egér
Megragadja a
Lehetőség
Hogy elmeneküljön
Ugrások és
Csobbanások
Extra extra nagy
Bögre kávéba.
Gőzölgő
Gőzölés
SIKÍTÁS!
Kis tűz
Hoppá!

MINDEN, KIVÉVE
A SZERELMET

VIRÁGOT ADTÁL NEKEM
Adtál cukorkát
De ez nem volt elég.
Elvittél kocsikázni
Magas színvonalú helyekre
De ez sem volt elég.
Mindent megadtál nekem
Hogy eszedbe juthatott
Mindent, kivéve a szerelmet
Igen, mindent, kivéve a szerelmet.
Vicceket meséltél nekem
Megnevettettél
De ez nem volt elég.
Időt adtál nekem
Adtál nekem teret
De ez nem volt elég.
Mindent megadtál nekem
Amire csak gondolhattál
Mindent, kivéve a szerelmet

Mindent, csak a szerelmet nem.
Mennyi ideig vártam egy gyengéd csókra
Egy jelre, egy lánykérésre vagy egy gyűrűre
De napról napra, évről évre
1 + 1 összeadva a semmit.
Vicceket meséltél nekem
Megnevettettél
De ez nem volt elég.
Időt adtál nekem
Teret adtál nekem
De ez sem volt elég.7
Mindent megadtál nekem
Amire csak gondolhattál
Amikor csak a szerelmedre vágytam
Kedvesem, én csak a szerelmedet akartam

FELÉBREDSZ, MÍG ÉN ALSZOM

FELÉBREDSZ, MÍG ÉN ALSZOM
  Pakold össze a bőröndjeidet
  Csókolj meg az arcomon
  Halkan suttogod, hogy „viszlát".
  Nézem, ahogy elmész
  Bár sosem fogod megtudni
  Mert a szemedben
  békésen alszom
  Hátat fordítok az üres térnek
  Könnyek, zokogás, sajnálom magam...
  Az alvást üdvözlöm
  Lelkem a tiédet keresi
  Együtt játszanak fogócskát
  A szerelmünk olyan, mint régen
  Én vagyok te. Te vagy én.
  A nap elhozza a reggelt
  Az üres helyed felé nyúlok
  Ölelésedbe burkolózom.
  A szerelem hozott vissza ma

A szerelem hozott vissza, hogy maradj.
Felébredsz, míg én alszom
Csomagolj be a bőröndjeidbe
Csókolj meg az arcomon
Halkan suttogod, hogy „viszlát".
Bezárom az ajtót. Becsatolom a láncot.
Ez a jelenet soha többé nem fog lejátszódni.

TÁPLÁLÉK A MÚZSA SZÁMÁRA

Gyere hozzám, gyönyörű levelem
  Hullj várakozó ölelésembe
  Fürdess meg futó színedben
  Lobogj hozzám kegyesen.
  Levél, lélektelennek hívnak téged
  Azt mondom, hogy ez helytelen
  Mert harmóniában táncolsz
  Míg a szél a dalodat játssza.
  Most a karjaimba veszlek és sírva fakadok.
  Vérző ereidre
  Színt színbe futó szín: szépség
  Ezek a te maradványaid.
  Ropogós fecsegő társad...
  Csiklandozó cipőtalp
  Őszi ihletet adó:
  Étel a múzsáknak.

KÖDÖS FÜGGÖNY

A SŰRŰSÖDŐ KÖDÖN ÁT
Láttam egy pár márványszemet
Semmit sem tükrözve sziszegtek
Álruhájukba bújva
Csillagok hullottak, mint a hó
Az erős érzékelésükbe
ragyogásuk rabul ejtette őket.
Sétáltam az irányukba.
Érzéketlenek és üresek voltak
Csendes sugarukat sugározták
A végtelen ködön át láttam
A holdfény már olvadni kezdett
Felemeltem karjaimat, hogy felfogjam az igazságot
Jött az ítélet, elvesztettem ifjúságomat.
Minden érzésemet kiürítették
Reggelre megmaradt
A tiszta és szürke kék ég alatt
Két pár márványszem.

REPÜLNI
VAGYOK...

A SZÉLÉN ÁLLVA
  Síró szelek
  Lobogó ingujjak
  Mindig készen
  Szükség
  Egyedül repülni
  Szoknyák fodrozódnak
  Bal lábam hátra
  Jobb lábam előre.
  Poised
  Nézzétek angyalok!
  Csak ott
  Rézhajú lebegő
  Ízlelgető ajkak
  Tengeri só
  Mindent elviszek
  In
  Tudva
  Ki vagyok

Miért vagyok itt
Szárnyak
Lobogó
Beat beat beat beat
Tudom
Hogy muszáj
Szárnyalni.
Mert
én
a képzelet
szélén
Ahol a lábak
Nem vágyom többé
A földet
Látom
All
Egyedülállóan
Perspektíva
Költő vagyok
Egy szerző
És
Tudok repülni.

A FELSZÍNEN

Tükör,
Te tükrözöl engem a feleslegességgel
Rám van írva
Hússzínű bizonytalanság.
Tükör,
Gúnyolódsz a tökéletességen.
Ezzel a gátlástalan tükörképpel
És az eredmény mindig ugyanaz
A te keretedben: Én változatlan maradok.
A sorok közé írva
költőien álcázva
Megkerülhetetlen vonások
Folyik harmonikusan.
Tükör: Ragaszkodom ahhoz, amit látok
Mert én vagyok te, ízig-vérig.
De néha a tükörkép
Bárcsak hasonlítanék hozzád.

CSINOS KIS DOLOG

SZÉP KIS DOLOG
Ül díszesen
Üdvözöl mindenkit, aki belép
A legnagyobb szívélyességgel.
Ő a legszebb lány
Akit valaha is láttak
Arany fürtjeivel
És zöld szemével.
Egy porcelánbaba
Életre keltve
Egy nap majd egy férfit csinál
Egy csodálatos feleséget.
Csinos kis teremtés
Mosolyog angyalian
Gyermekdalokat énekel
A szülei társaságában
Csak beszél
Ha beszélnek hozzá
Soha nem gondolkodik.

Nincs oka rá.
Olyan szép, mint egy kép.
Mona Lisát is megszégyenítené
És ez a nő gyermeke
Az etikettet játssza.
Csinos kis teremtés.
Soha nem kérdezősködik
A szülei illendőségét
Mert ő mindig is
Egy angyal volt
a karácsonyfájukon.

CRUCI-FICTION

A TESTE KÖTVE VAN.
Kereszt alakban
Kétségbeesetten lógsz ott
Az egész örökkévalóságig.
Megjavítottak volna
Kezedet és lábadat
De a szögek rozsdásodtak
És a tetanusz oltás
Még nem találták fel.
Meggyógyítottak volna
Az oldaladat
De amikor álltak
melletted és néztek
a tátongó lyukon keresztül
A világ látványa
a lelkeden keresztül
lélegzetelállító volt.
Elvették volna
A koronát
De a vérfoltok
A homlokodra hullott

Formákat formáltak
Mint a finom
Rózsaszirmok.
Állomásról állomásra haladva
Szorosabbra fogom a kezem
A fekete rózsafüzért
Eltörik
Gyöngyök gurulnak mindenfelé
A padok alatt
A folyosókon.
Én térdre borulok
Ahogy felveszek minden egyes aprócska
Fekete rózsaszirmot
Aztán összegyűjtöm őket
a kalapomba.
Odakint
A szél elkapja őket
Felemeli őket
Skyward
Fekete varjak
Elérhetetlenül szárnyalnak
Takarókat dobnak le.
A hajléktalanokra
A hívőkre
A hitetlenek
És rajtam.

A KEZDÉS

ÜLTEM
A sötétség takarója alatt
Volt egy felhősödés
Ami csak nem akart felszállni.
Szerelem,
kihűlt a szívedben
But when you told me
Túlságosan összezavarodtam
hogy rájöjjek, hogy mit akartál mondani nekem
az igazságot.
Most pedig..,
Teljesen egyedül
az erdő szélén
énekelek.
Lelkem kinyújtja a kezét
Énekelek
Míg a hang visszhangzik
És emlékszem
Hogy ez volt „a mi dalunk"
És a gyógyulás elkezdődik.

FELTÁMADÁS

Az ÜRESSÉGBE SODRÓDVA
Terjed, mint a pletyka
Levél úszik a patakon
Kísérteties jelenlét egy álomból.
Levél összetörve és összetörve
A partra sodorja a víz
Homoktól cukrozva
Örökké élettelen.
A levél megszárad és újjászületik
Egy angyal lehelete emeli fel
Gábriel megfújja kürtjét
Levél a halál után.

FLÍRT

MEGKÉRDEZTE, ÉS ÉN AZT mondtam: „Nem tudok".
Megkérdezte és én azt mondtam „Nem fogom"
Minden nap megkérdezi tőlem. Minden este megkérdezi.
Itt marad, remélve, hogy egy nap talán mégis megkérdezem.

Húzom az időt, és csak én tudom, miért.
Nem vagyok hatalmi túrán! Ó, nem, nem én!
Mert annyira utálom megbántani a pasimat.
Nem könnyű egy felnőtt férfit sírni látni.

Mégis, le kell utasítanom.
Mégis, látnom kell, ahogy a homlokát ráncolja.
Mégis, hiszek benne, hogy maradni fog.
(Egyébként szerintem szeret engem.)

Egy nap biztos leszek benne.
Egy nap az időzítés is megfelelő lesz.
Megnyitom neki a szívemet.
És a sötétségből fény lesz.

Remélem, hogy ez az egész titkolózás
nem fogja tönkretenni a jövőnket. Látod:
Ez az időhúzás nem pusztán a véletlen műve.

Ő olyan, mint Astaire és én nem tudok táncolni.

MIÉRT ÉN?

A KÓRUS TÖBBSZÖR IS megszólal
Megszakítva a belső harmóniát
Mint a fantázia pironkodó bájával
Szerelmemet más karjaiba küldi.
Emlékek összetörnek a földön
Hangokat tompítanak el a visszahúzódó homlokráncok.
Suttogások, zűrzavar, de c'est la vie...
Az élet nyugodt valóságához igazodva.
Oh, az eső soha nem ér véget
És a szellő örökké küld
Együttérző üzeneteit nekem.
A bizonytalan holnapban
A cseppek csobogása
csenddel fogja átjárni a fülemet
És a könnyek kővé dermednek
A szivárvány végén
Az arany fazékomat tartogatva.

EGY FA

HÁNY ÉV
Mennyi idő, hány éves?
A faipari szakemberek elgondolkodnak,
A tudás rügyei bontakoznak ki.
A holnapba kapaszkodva
A teremtés istenére
Angyali ujjak nyúlnak
Fából készült motivációban.
Ültetni és újraültetni,
Formálj egy természethez hű képet
A szél és az eső
Monumentális szerkezetűek.
Ha Isten valaha is teremtett valamit, ami szeretetre
szorul...
akkor az egy fa lehetett.
Mert az embernek csak két karja van
Vágyakozni, megérinteni, imádkozni
De a fáknak ágai vannak, ágakból nőnek ki
Meghajolva az üresség előtt az élet körforgásában.

A SZEMEK A HEAVEN

Ez volt a kezdetben
Mielőtt az idő kihagyott egy ütemet
Elég sok idővel azelőtt
Ő besétált az álmomba.
Biztos vagyok benne, hogy nem fogsz emlékezni
Az utolsó szavakra, amiket mondott
Mielőtt a prédikátor
Kijelentette, hogy szerelmem meghalt.
Szerelmem sok angyalról beszélt
Akik a lelkéért jöttek
Be- és kisodródott
És végül elvesztette az irányítást.
Letérdeltem mellé
Próbáltam kétségbeesetten nem sírni
De a könnyek elöntöttek
És így búcsúzott el tőlem:
„Nincs több könny, nincs több könny
Isten jön a lelkemért
Látom a csillagokat jönni

Közelebb az ágyhoz
Csillognak és szikráznak
A fejemben
És az álmom
valóra válik.
A végzetem, hogy ragyogjak
És vezesselek téged.
Kívánj nekem valamit
Kívánj nekem valamit."
Ma este és minden este
Csillagok lánca világítja meg utamat
Szemük megfiatalítja a lelkem
Ahogy az éjszaka nappalba fordul.
Szerelmem egy csillag a mennyben
Az űr karjaiban sodródva
És egy nap együtt leszünk
Egy másik időben és helyen.

A VÉGSŐ SZAKASZ

A FÉNY ÁTRAGYOG A felhők arcán.
Az áttetsző szemedben tiszta a kék.
A záporok nem vakíthatják el ezt a mennyei ölelést.
A könnyek nem foltozhatják be ezt a kristályos arcot.
Ne viseld el a fájdalmat, ne zárd el az elméd
Könnycseppek hullanak, megvakítanak
De mindig meríthetek belőled, a szeretetből.
Ha véletlenül a léggömböd kiszabadul a fogságból...
Ne hibáztasd a sorsot vagy a végzetet.
Buborékodat elérve talán elszakadhat
Buborékod kipukkadása végzetes hiba lenne.
Mert még a felhők is féltékenyek a láncra vertekre.
Túl szabadok ők, s az útjukat nem szabják meg.
Kövesd nyomon a gyermek számára felvázolt fényképet
A sors a szelíd és szelídeket keresi.
Töltsd ki az üres arcokat néhány elfelejtett mondattal.
Duplikáld, majd folytasd.

DAL A
TENGERBŐL

AKKOR KÖNNYŰ VOLT
Vándorolni
Céltalanul
Gond nélkül
Vagy bármi
Ami megkérdőjelezné a létezésedet
Vagy megtörné a buborékodat.
De aztán
megjöttem
és minden körülötted
hamisnak
és igazságtalannak
tűnt
és másképp érezted magad
és megpróbáltál formálni
hogy
beilleszkedjek a helyedbe
de nem sikerült
túl nehéz volt

megtalálni az utat
ami összetartott minket
amikor mindketten
vékony jégen
jártunk.
Az egyik elmehetett
a másik maradhatott

Akkor könnyű volt...
Mielőtt elengedted...
Harmadik alkalommal.

A FESTŐ, AKI
SOHA NEM LESZ

Színek hívták
Őt
Az éjszakában
Ízületi gyulladásos
Bizonytalan
Öreg
Biztos
Megpróbálta
Hiába
Létrehozni
Egy remekművet
Hogy tovább éljen
Miután elment
Ehelyett
Világok ütköztek
A tenger és az ég összeolvadt
A mosolygó hölgy sírt
Botladozott
Megbotlott

Megcsúszott
Palettán
Festék
Test
Egy.
Ecset
Festő
Egy.
A nap békében és nyugalomban
kelt fel
Ahogy
a hegy
szélére
sétált.
Lefolyt
az ecsetről
A tenger
nyitott karjaiba
Ahol
A festő lett

Ahol ő lett...

Ahol ő lett
A festő, aki soha nem lesz.

GYÖNYÖRŰ
NAPLEMENTE

GYÖNYÖRŰ NAPLEMENTE
Leereszkedve üdvözölni a tengert
Mennyei atya
Kinyújtva a szabad felé
Élő képek,
Megragadva az örökkévalóságot
Táncoló színek
Kanyargós utak
Ki tudja, hová vezetnek
Forgó felhők
A szél által áhított
Rezgő gyémántok
Énekelnek az éjszakába
Sötét sziluettek
A kert holdfénye
Minden visszahúzódó
Nyugodt és derűs
Ez a csoda
A természet csodája.

A pillanatok eltelnek
A napok eltelnek
Az évek múlnak
És te még mindig álmodod az életed
Miért kell álmodnod
Amikor a természet hív, hogy gyere és játssz?

FIÚK
JÁTÉKOKKAL

AMIKOR A VILÁG SZÉTESIK

És mindannyian választ keresünk
Hallgatjuk a fiúkat, akik fenyegetőznek a játékaikkal
Játékokkal, amelyek mindkettőnket elpusztíthatnak.
Állok a folyó partján
Vágyakozva egy hangra, a józan ész hangjára
A szél karjai szorosan átölelnek
Miközben borzongok az ember tehetetlenségétől.
A történelem férfiakat és nőket adott a világnak
Vezetőket, akik kard helyett tollat használtak
Nagy írókat, akik nem féltek kimondani
Ami helyes volt, azt leírták.
Dickens, Longfellow, Emerson és Thoreau
Békés emberek voltak, mindenkiért szóltak
Hol vannak a mai vezetők, a mai költők?
Hozzájuk intézem ezt a felhívást.
Mert a világ vezetői válságban vannak
Félek a jövőtől – nem a sajátomat, hanem a fiamét
Szükségünk van valakire, aki feláll és átveszi az irányítást

A fegyverekkel és puskákkal rendelkező fiúk helyett.
Kik vagytok ti, 2003 költői?
Kik vagytok? Hol vagytok, halljátok kiáltásaimat!
Szóljatok most, vagy hallgassatok örökre
Ez a költő izgatottan várja válaszotokat.

AZ OLYAN NAPOK

VOLT MÁR ILYEN NAPOD?
Tudod, amikor
nem érkezik e-mail
és tegnapra már mindet megválaszoltad
és vágyakozol a hagyományos levélre
de a postaláda üres
kivéve egy Pizza Hut szórólapot
Volt már ilyen napod?
Tudod, amikor
a múlt nem akar elmenni
és a reggeli
ebéd vagy vacsora sem
És reménykedsz, hogy valaki megment
De nem tudod, mitől
Volt már ilyen napod?
Tudod, amikor
A ruhaszáron ülő szarka
Úgy néz rád, mint egy rég nem látott barát

Valaki, akivel egyszer találkoztál, egy szellem az életedben
Aki üzenetet próbál átadni
És te azon tűnődsz, ki küldte neked
Volt már ilyen napod?
Tudod, amikor
Valaki eléd kanyarodik a forgalomban
És te meg akarsz neki mondani a magadét
De végül nem teszed, mert az élet túl rövid
Ráadásul lehet, hogy valaki, akit ismersz
A csalás a színezett üveg mögött leselkedik
Volt már ilyen napod?
Tudod, amikor
A lap üres marad
És az egyetlen vágyad, hogy kitöltsd
De a fejedben minden összezavarodik
Ma ilyen napom van
Volt már ilyen napod?

A SZÜLŐI NEVELÉS MŰVÉSZETE

A GYEREKEK AZ éLETED tükörképei. Amit tudnak, amit tanulnak, azt tőled kapják. Aggódsz az alapjaid miatt, ez pedig konfliktusokat okoz. Mert a szüleid csak azt tanították neked, hogy mit NE tegyél.

Kérlek, ne felejtsd el, hogy a gyerekek minden pillanatban élnek. Katt-katt-katt kattognak a kamerák a fejükben. Számukra az élet egy cukorbolt, ahol a napjaikat azzal töltik, hogy csomagolóanyagokat bontanak, és mindenféle döntéseket hoznak.

Isten egy üres vásznat ad a szülőknek: egy gyermeket. Amikor festesz, feltétel nélküli szeretet árad belőled

A szülői szivárványkapcsolat
– közted és köztük.

Az élet rövid, az idődet jól töltöd,
tökéletesítve a szülői művészetet.

FORRÓ

SZERELMEM ÉS CSODÁM, AZ enyém, csak az enyém
Hogyan változtattad meg az életemet
A te életed és az én életem összefonódtak
Nap mint nap megmutatod nagylelkűségedet

Tele vagy, és alig várod, hogy belevágj
Megnyomom a gombjaidat, ez az én vágyam
45 percig, gyorsan, gyorsabban, majd lassabban
A gőz emelkedik, fel, fel, egyre magasabbra

Akkor csendben vagy, teljes pompádban
Minden nap egyre jobban szeretlek.
Az egész világon téged szeretlek a legjobban
Nincs jobb egy jó mosogatógépenél.

AZ IDŐ JÉGES KEZÉ

Az Idő
  Jéghideg keze
  Ellopja a homokot
  A gyermekemtől.
  Most alszik
  Nyugodtan
  Ártatlanul
  Békésen
  Néha
  Felém fordul
  És sír
  Vagy nyög
  Fájdalmában
  Alvása közben
  Kinyújtja a kezét
  Megsimogatom
  Nem érintjük egymást
  Csak lelkileg
  Egyesülünk.

Gyakran
azon tűnődöm
hogy vajon tudja-e
hogy a
homokóra
tele van
az ő
életelixírjével
és hogy
kétszeres sebességgel
csordul le.
Imádkozom
hogy egy nap
hazajön
és hogy egy nap
megölelhetem
a gyermekemet
Mivel most
ez az üvegkoporsó
az egyetlen, amit ismer.

ŐSZ DAL

A LEVELEK ROPOGNAK A lábam alatt
Pattogás, recsegés a fejemben
Emelkedés, zuhanás – a talpam megcsókolja a földet
Az emlékek körbe-körbe forognak.

A levelek illatosak és pézsmásak voltak
A magasba halmoztuk őket – égig érő magasságba –
Egy városi lány szalmája. Ugrottunk, és „Jeronimo!"-t
kiáltottunk
Olyan puhák voltak, mint a szűz hó.

Az ősz karjaiba vett minket és szeretettel ölelt.
Szezonálisan. Őszi gyerekek voltunk.
Életre keltünk – amikor a levelek hullani kezdtek
Lelkünk megfejtette Anyatermészet hívását.

A levelek gyűlnek a küszöbömön, várnak
Nővéreim és testvéreim eljöttek hívni
Az ősz szelleme felemeli a kerekesszékből
Mindannyian együtt táncolunk az örökkévalóság őszi
vásárán.

A KÖR: TRILÓGIA

ÜZENET A
MÉG MEG
NEM SZÜLETETT
GYERMEKEMNEK

GYERMEKEM, GYERMEKEM
A világtól védve
Biztonságban a méhemben.

Gyermekem, gyermekem
Nem látod és nem tudod
A világ végzetes állapotát.

Gyermekem, gyermekem
Te én vagyok.
Én vagyok az anyád.

Gyermekem, gyermekem

Én vagyok te.
Úgy foglak szeretni, mint senki más.

Gyermekem, gyermekem
Béke. Imádkozz a békéért.
Az idő nem gyógyíthat meg minden fájdalmat.

Gyermekem, gyermekem
Béke. Imádkozz a békéért.
Te vagy a remény minden holnapra.

Gyermekem, gyermekem
Szívverés, végtagok kialakulása
Te még nem születtél meg, te ártatlan.

Gyermekem, gyermekem
Te vagy a reményem a jövőre nézve
Te vagy a jövő, mindenki számára.

A KÖR: TRILÓGIA

JÓ ÉJSZAKÁT
KISÉSZ

A MENNYORSZáG NINCS MESSZE
Oda ment játszani
Könnyedén táncol a felhőkön
Mindenkit elkápráztat, ahogy repül

A kis lélek, aki bennem élt
Most már szabad a lelke
A méhem üres, ő már nincs
És mégis, én már nem vagyok olyan, mint régen.

Látva őt, élettelenül hozzám kötve
Az élet vége csak most kezdődött.
Megadva magam, a gyermek már nem az enyém
A mennyben, örökké isteni.

A KÖR: TRILÓGIA

KIS ANGYALOK

CSITT.
Hallgass.
Hallom őket énekelni.

Hallgass.
Te is hallod őket?
Hallgass.

A hangjuk
megtölti a szívemet.
Annyira tele van,
hogy attól tartok,
megrepedhet
bennem.

Hallgass.
Hagyd abba, amit csinálsz, és
hallgass.
Bízz bennem.

Ő is ott van velük.

Hallgass
teljes szívvel és lélekkel.

Hallgass...
Csitt.

A HÁZASSÁGI
IMÁDKOZÁS

Amikor a keretben lévő fénykép megreped
És az esküvői fogadalmak elillannak a fejedből
Amikor csak az emlékek maradnak
És a boldogtalanság könnyei elvakítanak

Akkor talán el kell menned
Hátat kell fordítanod mindennek, amit ismersz
Talán eljött az idő, mindent megpróbáltál
És még mindig üresnek érzed magad.

Mielőtt elmennél és összepakolnál
BESZÉLJ a szerelmeddel, nyújtsd ki a kezed
Nyisd meg a szíved, a lelked előtte
És talán mindent megoldhatsz

Túl gyakran adjuk fel és költözünk el
Amikor csak azt hisszük, hogy megtettünk mindent
Ha a szerelem ott volt, újra növekedhet
Még akkor is, ha rövid pihenőt tartott

Nem azt mondom, hogy maradjon a bántalmazás mellett
Ebben az esetben más horizonton kell keresned
De ha úgy gondolod, hogy a kapcsolatodnak van értelme
Akkor hagyd, hogy a szíved vezessen, és kövesd

Mert a világ magányos és hideg
Ha nincs senki, akivel megoszthatod
És ne feledd, hogy öregszel
És valaki melletted törődik veled.

Szóval kezdj újra, vedd le a romantikát a polcról
Lehelj életet egy elavult kapcsolatba
Nem fogod megbánni, tedd meg magadért!
Az igaz szerelem soha nem bukhat el.

GYÖNYÖRŰ ÖTLET

A SZÉPSÉG SOHA NEM nyugtatja
azokat, akik sírnak
A szépség soha nem melegíti
a hideg búcsút

Amikor a szív vérzik
az egónak táplálékra van szüksége
és a szépség nem alibi
mert soha nem nyugtatja
azokat, akik sírnak

Amikor szerelmes vagy
a szépség mindenütt ott van
Amikor már nem szerelmes vagy
az egyetlen szépség a kétségbeesésben van.

APA ÉS FIA

Az APA MEGTANÍTJA FIáT, hogyan legyen férfi
A fiú megtanítja apját, hogyan legyen újra gyermek
Kéz a kézben sétálnak együtt

Számomra olyan csodálatos nézni őket
Ketten varázslatosak, amikor játszanak
Szombaton a Thunderbirdst nézik
Az apa aggódik, vajon képes-e férfiként viselkedni

Gyermeke idealizálja, biztosan képes rá.
Mert gyermeke erősnek és melegszívűnek látja
És meg fogja védeni minden bajtól
Semmiért sem csalná meg a földön
Az apa már születése előtt is szerette

Az apa megtanítja fiát, hogyan legyen férfi
Így van ez az idők kezdete óta.

VÁLTOZÁS

ÉS ELHALADOK
Melletted, mint a szellő
És nem érek hozzád
Nem hagyok nyomot
Hogy itt jártam...
Csak a margaréta és a lóhere
Édes illata marad.

NE FELEJTS EL, GYERMEKEM!

Ne felejts el, gyermekem
Az aranymezőről
Hadd hulljanak
És az üzenet kiderül
Ne használd a szirmaidat
A könnyeid elrejtésére
Ne védd magad
A gúnyos mosolyuktól
Mert a szépséged túl nagy
Ahhoz, hogy elrejtsd
Ne felejts el, gyermekem
Az aranymezőről.

KÉZ

KEZEK
Meg kell becsülnünk
Kezek
Tartani
Elérni
Túl hideg
Tanítani
Kezek
Oldalakon mozogva
Testeken
Ártatlan simogatások
Kezek
Fogva
Megtört ígéretek
Ujjak
Most már láncoktól mentesek
Dobozok
Tele
Tört körökkel
Kezek
Meg kell becsülnünk

Kezek
Üres
Kezek
Ráncos
Kezek
Nyúló
Kezek
Ötletek áradnak
Ezekből a kezekből
Mindig becsüljük
A művész
Kezét.

Ő SZERET ENGEMŐ - NEM SZERET ENGEM

NŐTT EGY VIRÁG
Tavaszias volt
Leszedtem a virágot
Hogy lássam, igaz-e szerelmünk.

Letéptem a szirmait
És széttéptem
Míg a kép kialakult
Reményteljes szívemben.

Ott, a bársonyos fűben
A halott virág maradt
És mint a szívek királynője
Esőt hoztam.

IDIÓTA

Elvesztettelek holnapban
Egy tegnap, ami nem múlt el
Szomorúan lehunytam a szemem
És egy pillanat alatt
A szerelem eltűnt, veled együtt
Soha nem gondoltam volna
Hogy ez történhet velem
A legkevesebb, amit tehettél volna
Hogy rendesen elbúcsúztál volna!

TEGYÉL RÁ
KÖTÉST

RAGASZTÓSZALAGOT RAGASZTOTTAM A PUZZLE darabjára.
Miután a darabok szét szóródtak
Én voltam a mentőmellényed
Amikor felborultál a tengerben.

Meggyógyítottam a törött szívedet
Ami javíthatatlanul összetört
Felhúztalak, felemeltelek
A kétségbeesés mélységéből.

Most ebben a képzeletbeli faházban bujkálok
Kedvességet és útmutatást keresve
Senkihez sem fordulok, ki fog meggyógyítani?
A levegőnek kérdezem, hogyan lehet ez?

Téged tettelek a küldetésemmé, a napom jó cselekedeté
Elvettem minden szomorúságodat
Cserébe te kettészakítottad a szívem
Most úgy érzem, mintha cementcipőt viselnék

És elveszett vagyok egy zsúfolt ürességben
Vándorlok, keresem, amit nem találok
Senkihez sem fordulok, ki fog meggyógyítani?
A levegőhöz fordulok, hogyan lehet ez?

Kérdezem, soha nem tudva
Miért?

HA TUDNÁM...

HA TEHETNÉM
   Visszafordítanám az időt
   A tiéd lennék
   Örökre

   Te voltál az esernyőm
   Esős napokon
   Amikor mosolyogtál
   Minden gondom elszállt

   Éltem és lélegeztem
   Érted.

   Suttogtad édes szerelmes szavaidat
   A szívembe
   És erős lettem
   Különleges
   És szabad
   Mindezt azért
   Mert szerettél

És a nap ragyogott
Amikor eggyé váltam veled.

De mint egy dallam
A szerelmed
Elhalványult
És csak az maradt
A dal állandó ismétlése
Ami újra és újra
Játszik

És nem engedi el
A gondolataimat.

Ha vissza tudnám forgatni
Az idő kerekét
A tiéd lennék
Örökre
Örökre
Örökre.

Tükör, tükör

Tükör, tükör
A falon
Elkapsz engem
Ha elesek?

Tükör, tükör
Mit fogsz tenni
Ha a darabok összetörnek
És a sötétség lesz belőled?

Tükör, tükör
A falon
Meg tudod mondani, miért
Olyan kicsi a tükörképem?

SZERV
DARÁLJÁK

KÚSZVA HALADOK
A komor folyosón
Bűzös lila
Rémisztő zöld

A bűz illata
A rothadó húsé
Emberi hús
Halál
Obszcén.

Látom az öregasszonyt
A vizeletedényen ülve
A fiatalember halott
De még lélegzik
Ritmikusan
A csepegés
Hangjával.

És a szerelmi hajó
Ablakán
Egy férfit lemészárolnak
Míg egy majom
A hátára ugrik
És valaki
Fehér ruhában
Egyetlen érmét
A sapkájába dob.

TÜKRÖZŐDÉSEK EGY SÁRFOLTBAN

MOGYORÓZÖLD SZEMEK
Nárcisztikus nézőpont
Egy víz alatti palotáról

Elgondolkodó
De üres
Sokat elárul
Magáról
Magának

A tükörkép
Nem teljesen
Hasonlít
A nézőjére.

Mélyen

A zavaros vizekben
Védve
A hibáktól, a fájdalomtól
És az emlékektől

A folyékony
Burkolatot
Grimasszá változtatja
A mosolyt tükrözve.

ÖSSZEKÖTÖZVE

A VÍZ ESIK
A számból
A vödrödbe
Rózsaszirmok
Már
Átrostálva
Olvadási folyamat
Osztás szükséges
Okok
Ugyanazok
A félelem telepítése
Megelőzi
A fogadását
Az igazság szérumának
A keresztelő szertartás
Végül relevánsnak tűnik
De a taszító hang
Kombináció
Összeadódik, majd szétválik
Elválasztás elkerülhetetlen
Úgy tűnik, hogy

Láncra verve
Vagyunk itt
Egy egész életre
De te csak most mondtad ki a neved
Hallom
Hogy sikítasz
Az éjszakában
De nem érem el
A szakadék
Túl nagy.

A KOR JELE

VALAMI ŐRÜLETBE KERGET
Az őrületbe kerget
Valami, ami annyira elviselhetetlen
Hogy akár fel is adhatnám ezt a barátot.

Látod, ő örökké fecseg
Beszél, beszél, 24 órában, 7 napban
Nem számít, hogy egyedül vagyunk-e
Vagy a 7-11-ben vásárolunk.

Bárhová megyünk, ez történik
És a figyelmét eltereli rólam
Elmerül egy másik világban
És én vele vagyok, mégis magányos.

Folyton azt akarom mondani, hogy EZ AZ
Nem bírom, nem fogom ezt tovább elviselni.
Választanod kell, ki lesz az?
Én lennék az, aki kisétál az ajtón.

Tudod, én egy zöld szemű szörnyeteg vagyok

Egy féltékeny ribanc, aki megérdemli, hogy egyedül legyen

Tudom, hogy amikor legyőznek, nem tudok versenyezni

A mobiltelefonja csengésével.

A VÁLASZ

MASZKOT VISELSZ
Mindig
Nem látlak
Az álcázás nem bűn
Magányos szívem
Folyton azt mondja
Hogy te lehetnél
A válasz.
Maszkot viselsz
Feketét és kéket
Elvesztél
A Halloweenkor színekben
Várok
Várakozással
Te csak nem látod
Hogy te lehetnél
A válasz.
Ha megkérnélek
Vedd le
Hogy megmutasd
Ki van mögötte?

Nevetnél?
És gúnyolódnál
Tudva, hogy
Magányos lehetek?
Előtted állok
Meg akarom ismerni
Még mindig nem látod
Hogy te lehetnél
A válasz.

HÓPEHELY HALÁLA

A HÓPEHELY KÖNNYCSEPPé VáLTOZOTT
Azonnal meghalt
Soha nem adott hangot
Az égből hullnak
Csillagok alakjában
És nem tudnak túlélni
Amikor a nap életre kel.

Víz, víz mindenütt
Gond nélkül tapossuk őket
Semmi sem volt és semmi sem lesz
Ne sirasd a sorsot.

A MÚLT

Szárnyal, mint egy keselyű
A vállam felett
Mosolyog
Végtelenül
Leszáll
Amikor szükséges
Gyakran
Úgy tűnik, mintha
Barát lenne
Sebezhető
Én vagyok
Te vagy
Ellenség
Ne leskelődj
Nem vagyok kész
Szállj le a hátamról
Húzz le
Le
Engedd el
A múltat.

A KIMONDATLAN

Gyönyörű napkelte
  A szívemben
  Színskálák
  Csodálatos művészet
  Az elmém pihen
  A válladon
  Barna szemek a kékben
  Minden, ami vagyok
  Érted vagyok.

GÖRÖGDINNYE-asszony

MADÁR VOLTAM
Egyszer
De nem szerettem a szabadságot
Amikor megláttam, milyen messzire
repülhetek
Anélkül, hogy elfáradnék
Egy repülőgépen ülve
Arra vágytam, hogy
ember legyek
Erősnek és logikusnak tűntek
És csodáltam, ahogy
próbáltak
fejlődni
Míg én körbe-körbe forgolódtam
A szélrohamok által sodorva
És néztem, ahogy a kicsinyeim
éhen halnak
Tavasszal.
Így lettem

vízmelonárus
ültettem és vetettem
szedtem és eladtam
aludtam
a nap felét
alig fizetést kaptam
és néztem, ahogy a gyermekeim
egész évben éheznek.
Madár voltam
Egyszer
És nem szerettem
A szabadságot
És most ez az
Amit lenni akarok
Ahelyett, hogy
Görögdinnye-asszony lennék.
Igen, madár voltam
Egyszer
De nem szerettem
A szabadságot.
A fű mindig zöldebb
A fű mindig zöldebb
Ezt mondják mindig
Inkább lennék újra madár
Ahelyett, hogy görögdinnye-asszony lennék.

SZÍV-NÉLKÜL

HOGY
a
tenyerembe
fogjalak
és hagyjam, hogy a
szíved
az ujjaim között
futjon, mint
a homok,
amely
a többi utálatos dologgal
keveredik
Hogy
egy
postacsomagba
tegyelek,
lezárjam,
és elküldjelek
valami
háború sújtotta országba
utalvánnyal

visszafelé cím nélkül.
Hogy
kiállítsalak
egy üveg
burkolatban
és pénzt
kérjek
minden nézésért
miközben mindenki
botokkal
tököl téged.

Aztán
megmentelek
elrabolom a szíved

csak hogy

újra összetörjem.

ÁTJÁRÁS

MINT EGY PAPÍRLAP, AMI a tűzben ég
Mint a gyűlölet, ami vágyakozássá válik
Mint egy folyó, aminek nincs oka az igazat mondani
Elvesztettem fiatalságomat.

Most öreg és ősz vagyok
Szépségem ráncos lett
És sok álmom elveszett
Mindennek ára van.

Most kisétálok a kertembe
Ahogy a violák völgye csalogat
Illatuk vezet engem
A természet és én soha nem voltunk ilyen erősek.

Csupasz szemmel nézek az égre
Látom a szivárványt, ahogy ívesen halad
Körülöttem az esőcseppek énekelnek
A smaragd zöld fű csillog.

Lelkem vágyakozik, megbánás nélkül

A menny felé, mint az acél a mágnes felé
Suttogó szökőkutaknak tűnik
Serenád az utazásomhoz: Édes álmok.

JOHN LENNON MEGGYILKOLÁSÁRÓL SZÓLÓ HÍREK HALLATÁN ÍRÓDOTT.

ÉS AMIKOR MÁR NEM bírtam tovább
A te lábaid lettek az enyémek.
És amikor már nem tudtam sírni
a te könnyeid az enyémek lettek.
És amikor már nem találtam magam
a te személyazonosságod lett az enyém.
És amikor már nem tudtam hinni
A TE CÉLOD lett az enyém.
És amikor már nem tudtam beszélni
a Te szavaid lettek az enyémek.
És amikor már nem tudtam tovább élni
A halálod az enyém lett.

SUTTOGJ

Suttogj, suttogj, suttogok...
Ez a titok az enyém, csak az enyém
Egyedül én tudom a szívemet dalra fakasztani

Nem számít, milyen kedvességet hozol
Lelkem más jelet keres
Suttogj, suttogj, suttogok én...

Néha a lecke szívszorító Néha a sorba húznak
Egyedül én tudom megénekeltetni a szívem
Aranygyűrűddel láncolva A komfortzónádban dőlsz hátra

Suttogj, suttogj, suttogok...
A lelkem aranyszárnyon akar szárnyalni...
Ott fent a világ az enyém lesz Egyedül én énekelhetem
meg a szívem

És mégsem árulok el semmit Mert az ismeretlen is lehet
fenséges
Suttogom, suttogom, suttogom...
Egyedül én tudom megénekeltetni a szívemet.

SCARAMOUCHE

A KéPE
  Tartalom nélkül
  Keretbe van foglalva
  Felesleges szilánkokkal
  A lelkéből.
  Töredékek
  Egyszer vérzett
  Harccal
  Most szabadon adja
  Tükrözve
  Önmegvetést.

KÓRUS
  Ne hagyjuk
  Hogy a szél
  Elsodorja
  Építsük újra
  Ahol a valóság
  Kinyitotta a zsilipeket
  Tegyük őt
  Újra egésszé

Adjunk neki
Célt.
Scaramouche, kiderül
Az igazság nem rejthető el.

KÓRUS
Ne hagyjuk
Hogy a szél
Elsodorja
Építsük újra
Ahol a valóság
Kinyitotta a kapukat
Tegyük őt
Újra egésszé
Adjunk neki
Célt.

SÉTÁLÁS AZ ÖSVÉNYEN

SÉTÁLVA AZ ÖSVÉNYEN
A Taj Mahal felé
A társadalom fákat ültetett
Felkészülve az őszre.

A kápolnák kinyitották karjaikat
Az új világ felé imádkozva
Régen a szavakat
Megbízható jósoktól kérték.

Aztán a tükrök meglátták a szemeket
Amelyek túl vakok voltak ahhoz, hogy lássák
A születés és az eredet -
A kreativitásé.

Ma egy festő fest egy vízesést
És senki sem kérdezi tőle, miért
Mert megértjük, hogy mindez
Az égben lévő szellemért van.

Ez az új évezred
Ahol a fordítások ingyenesek
Online osztjuk meg életünket
Hamis közösség érzetét teremtve.

Mindannyian polgároknak születtünk
A galamb szárnyain
A válasz mindig is a miénk volt
Egy szóval: a szeretet.

AKADÁLY

Elválasztó akadály
Lélegző falak
Formaldehid cseppek
Megmérgezik az elmék
Apró darabokkal
Megváltó
Kaiser
Minden zsemle
Elválasztó akadály.
Olvaszd meg a levegőt
Bátorító szavakkal
Gomba felhők
Nem emberi fogyasztásra valók
Miért törj át
Amikor
Le is törhetsz?
Gondolatok egy
Zavart prostituáltról
Bibliai szakaszt olvas
Megvizsgálja hátralévő napjait
Életének

Kurva-kereskedő
Az univerzumban
A szavak repülnek
Mint a denevérek a völgyben
A halál
Csapkodva
Csapdába esve
Félreértés
Félreértelmezés
Olvaszd el a levegőt, olvasd el.
Elválasztó
Elválasztó
Olvaszd el
Bátorító szavakkal
Elválasztó
Egy és ugyanaz.
Átcsúszok
Egyik gondolatról a másikra
Nem számít
Senki sem tudja
És az idő végtelen
Mégis elszáll
És semmi sem történik
És az emlékek csak láncolnak
Ebben a hiábavalóságban
Még jobban.
Valaki sikít
(vagy én vagyok az?)
Mondd meg nekik, hogy fogják be
(miért sikítok?)
Egy madár énekel
Az ablakomban
Minden életenergiámat
Rá összpontosítom

És amikor elrepül
Így megy a lelkem
Kifelé a végtelen kékbe
Amit egyszer
Természetesnek vettem.

KIS MEGÉRTÉSI PROBLÉMA

ÓVATOSSÁG NÉLKÜL
A fiatalember elvette a fegyverét
A pult mögött álló férfi megremegett
A fiú megígérte, hogy senkinek sem árt.

A gyermek az utcára menekült
Mint egy magányos felhő az égen
Soha nem érezte a vereség fájdalmát
Most hallotta a szirénák hangját.

Mert egy szolgálaton kívüli rendőr
Önvédelemből lelőtte
Bátran, a bajt csírájában elfojtva
Még egy haláleset az erőszak tengerében.

A jelvénye ragyogott a napfényben
A fiú pulzusa nem volt érezhető
A lovag óvatosan felemelte a fegyvert
Csak egy gyerek játéka volt.

MACBETH

Amikor lejössz a hegyedről
A tengerparti számítógépemhez
Adatfeldolgozó leszek; számok.

Hallgasd a billentyűzetemet
Kizárva a valóságot
Kattogó zene
Nincs szükség identitásra.

Gyűlölted a főnöködet
Megragadtad a pillanatot
Lázadást indítottál
Most ott ülsz
Az ő trónján
GIC-ket küldesz
Szegényeknek, akiket azért fizetnek
Hogy pontosan pontosan
A tengerparton.

Vadászatra mész
Mit

Nem tudom
De amikor megtalálod
Tudod, hol leszek
Adatfeldolgozás
A tengerparton.

TALÁN

Talán
 A szimfónia
 Túl hangosan
 Játszik
 Könnyek
 Gyűlnek
 A szemembe
 Hallom
 A kórus énekét
 A fejemben
 Énekelnek
 De a szavak
 Még nem
 Lettek leírva

 Talán
 A képzeletem
 Megint
 Csapdába ejt
 Engem
 Te

Serenádot
Énekel
Nekem
Egy szimfóniával
Nincsenek szavak
És mégis
A szavak

SÍPHON

A PAP FELHÚZZA GALLÉRJÁT
Hogy elrejtse, ami létezik
A hidegbe vágott borotva
A vérző csuklókat szivattyúzza.

A tigris a szívre ugrik
Széttépi a szamaritánust
Senki sem mondta, hogy jó vagy
Senki sem mondta, hogy az vagy.
De te rohadtul jó voltál
Abban teljesen biztos vagyok

Most az űrbe repülsz
Az üvegre lehelve.
A fagy megbénítja az arcodat
Az agy amputálja a múltat
Mondd el az egész világnak
Mert tudni akarják.
Mondd el nekik, hogyan adtad el a lelked

Egy tűben lévő méregért.

VÁLASZOLHATATLAN LEVELEK

ÍRTAM NEKED
Mert a nap ragyogott
Ebben az esős elmében
Valahányszor eszembe jutott a mosolyod.

Írtam neked
Mert hiányoztál
Hiányzott a nevetésed
És leginkább a gyengéd érintésed.

Írtam neked,
mert a szívemet
a tenyeredben tartottad,
és hittem,
hogy bármennyire is távol voltunk egymástól,
te mindig itt leszel velem,

én pedig veled.

Írtam neked,
és az örökkévalóságot kértem,
de az már elmúlt,
és a levelek elolvadtak, mielőtt elküldhettem volna őket

Soha nem írtam neked.

PILLANGÓ

Monarch pillangó
Felrepül a levegőbe
Egy pillanatra megáll
Majd gondtalanul felemelkedik.
Színei szabadon áradnak
Mint a festék a vásznon
Szárnyai átölelik az eget
Lazán, nyugodtan:
Szépség mozgásban.

Virágon táncol
A legnagyobb finomsággal
Tudat alatt fitogtatja
Felsőbbrendűségét.

Lebeg, mint egy balerina
Az ég felé emelkedik
Vágyom arra, hogy olyan szabad legyek, mint
A monarch pillangó.

EVOLÚCIÓ

Hópelyhek lebegnek az ereszcsatornába
Suttogva üzeneteket az alatta haladó utazóknak
Örökzöld fésűk söprik el a pelyheket
Hótakaróval borítva a földet.

Egy unalmas decemberi este volt
Egy idő, amelyre inkább nem emlékeznék
Amikor angyalok hullottak le erre a földre
A mester küldte őket, hogy meghatározzák értékünket.

Tisztító képek tükröződtek a tóban
Minden bolondot etettek és ruháztak
Táncoltunk, míg az összes csillag le nem hullott
És a fák aranykoronát örököltek.

Az idő repült, és újabb álmok születtek
Az angyalok mosolyt festettek mindenki arcára
Míg minden érték ragyogott és fénylett
A mennyei fény erejével ragyogva.

Hangosan énekeltünk, egy templom, egy dal

És a hitetlenek csatlakoztak, hogy erősebbek legyünk

Amikor az Úr összegyűjtötte a lelkeket, néhányukat nem hívták

Ők a természetbe születtek, egy új világ jött evolvált.

A VILÁG HATVAN MÁSODPERC ALATT

(ATTÓL FÜGGŐEN, HOGY MILYEN GYORSAN OLVASOL)

Blow by blow
Elevator muzak
Drogosok beszívva crackre
Rolling Stones
Kate Moss
Brian keresztre feszítése
A kereszten
Vonatok ütköznek
Számítógépek összeomlanak
Hi-tech
Star Trek
Szájon át történő újraélesztés
Kizárólag diszkrimináció
Judge Judy
Élőben dolgozni
Tutti Fruity
Dolgozz, hogy élhess
Túl vak ahhoz, hogy lásson
Látnom kell, hogy higgyek
Rapping kereszténység
A szüzesség leleplezése
Teletubbies a tudásban
A Seinfeld show gyászolása
Virágok Virágok
Kensington Park
Jeanne d'Arc
Égő ajkak
Fogak, amelyek vigyorognak
Gyermekek születnek
Bűntől mentesen
Ózonréteg
Sárkányölő
T-Rex
Egyenlő neműek

A szex elad
Beszélgetés a mobilon
Csapkodó szárnyak
Repülő égbolt
Hullámokat fogni
Mickey D sült krumpli
Wal-mart
Szívtől szívig
Séta a Holdon
Mooning Idegenek
A serpenyőből
Továbbá ran
Táncos táncol
Szabadba öltözve
Senki sem veszi észre
Kivéve a császárt és engem.

GOSZPELAMER

A PÓK ODAKÚSZOTT
A porkék ég felé
Felhőhálót fonva
Mely évekig tartott, mire összeállt.

Mikor már majdnem célba ért
Az öreg és őszülő pók
A helyzetet átgondolatlanul
Megpróbálta szélesebbre szőni a hálót.

Túlságosan is gondatlanul pörgött
Egy aranykorúhoz képest
A halhatatlanságnak nevezett angyal
Tudomásul vette a lapját.

A szőnyeghez volt láncolva
A sors fenyegette mesterművét
Aztán egy csoda folytán esett az eső
És ő a szabadulásba csúszott.

Negyven napon és éjszakán át esett.

Úgy tűnt, hogy nem maradt nyoma, vagy nyoma...
Csak egy öreg és őszülő pók
Hálóval szövi be az utat Noé bárkájára.

KÖSZÖNETNYILVÁNÍTÁS

KEDVES OLVASÓK! Köszönöm, hogy elolvasták ezt a versgyűjteményemet. Az első versemet, a „Kezdet" címűt még gimnazista koromban írtam. A költészet mindig is az első szerelmem volt.

Köszönöm szüleimnek is, akiknek ezt a könyvet ajánlom, és nagymamámnak, aki maga is költő volt.

Köszönöm kedves barátaimnak, akik felkarolták szókimondó kocka törekvéseimet.

És köszönöm azoknak, akik segítettek nekem ennek az új könyvnek az összeállításában. Nélkületek nem tudtam volna megcsinálni!

Mint mindig,

BOLDOG OLVASÁST!

Cathy

CaTHY-ről

Cathy McGough többszörösen díjazott író
a kanadai Ontarióban él és ír,
férjével, fiával, macskájával és kutyájával.

TÖBB KÖNYV

FIKCIÓ
HÁROM BARÁT ELSŐ ÉS MÁSODIK KÖNYV VÁRJATOK ARRA
AZ EGYRE
13 RÖVID NOVELLÁK
MINDENKI GYERMEKE
RIBBY TITKÁT
FIATAL FELNŐTT
E-Z DICKENS SZUPERHŐS 1 ÉS 2 KÖNYV TETOVÁLÓ
ANGYAL: A HÁROM
E-Z DICKENS SZUPERHŐS 3 KÖNYV PIROS SZOBA
E-Z DICKENS SZUPERHŐS 4 KÖNYV A JÉGEN
NON-FIKCIÓ
103 FUNDRAISING IDEAS FOR PARENT VOLUNTEERS
WITH SCHOOLS AND TEAMS (3RD PLACE BEST
REFERENCE 2016 METAMORPH PUBLISHING)
+ Children's Books